BOMBAS PA JOER

BOMBAS PA JOER

Escrito por

Willy Delgado

Bombas pa JOER

Publicado por Belworks Publishing
Una división de Belworks, LLC

Willy Delgado
Tienda Online:
willydelgado.com

Primera Edición: Noviembre 2018
ISBN: 978-1-7327987-0-0

Printed in USA

Dedicatoria

Dedico este libro a la que ha sido mi novia por 31 años y siempre ha estado conmigo. Mi mejor amiga, mi confidente, mi todo, el motor de mi vida desde que nos conocimos, mi amada esposa. La que tuvo la gran idea de que yo escribiera este libro de bombas, por lo tanto que la jo... en las parranda con mis bombas.

Gracias Tere Vargas por tu apoyo y por esta idea.
Te amo novia mía!

Contenido

"Olvídate de los malos ratos y
vamos a joder un rato!"

Introducción

Este libro es inspirado en uno de nuestros géneros de música típica puertorriqueña llamada "Bomba". Este género está compuesto por una estrofa de cuatro versos los cuales son declamados y luego seguidos por la música y un coro. Usualmente se canta por dos o más personas como dinámica de debate o controversia.

I

Neutrales

Son bombas que pueden ser cantadas tanto por hombres como por mujeres. Además, siendo estrofas de cuatro versos algunas de ellas podrían utilizarse en ciertas canciones también típicas de Puerto Rico tales como: “Dame la mano Paloma” y “De los hijos de mamá”

No se haga usted tan santo
no siga usted presumiendo
creo que usted es buena persona
solo cuando esta durmiendo

Yo vibraba por usted
y ya mi cuerpo no vibra
para que vuelva a vibrar
rebájese un par de libras

Te invito a cantar conmigo,
una bomba, buena rima
y si quieres competir
tienes que mirar pa'rriba

La bomba no es pa to el mundo
menos pa'l que no la sabe
quizás tienes el candao
pero yo tengo la llave

Usted no sabe de bomba
y mucho menos de ciencia
usted ni siquiera sabe
que no aguanto su presencia

De bomba, plena y bombazo
eso no es ninguna ciencia
pues lárguese pa'l infierno
si no aguanta mi presencia

Yo no canto por cantar
yo canto porque me gusta,
tu cantas pa meter miedo
y tu cantar no me asusta

Si mi cantar te asusta
no te sientas asustado
porque el cantar que tu tienes
a mi me tiene mareado

Mi bomba si que es muy dulce
como el agua de la fuente
pero no me cuques tanto
que tengo algunas caliente

Si tienes algunas calientes
creeme que no me asombra
tengo unas que te siguen
más oscuras que la sombra

Yo ante usted no me arrodillo
no creo que usted sepa tanto
tendría que morir primero
y convertirse en un santo

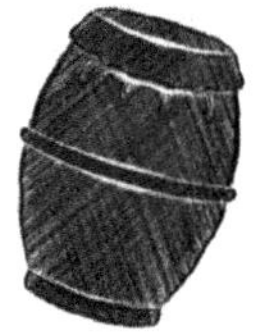

Quieres saber más que yo
tienes que meterle ganas
yo canto bombas picantes
fuertes, colorá y sanas

Yo sé que soy el mejor
te digo modestia aparte
cuidadito cuando cantas
cuidado que un día te partes

Quisieras ser mi berdugo
pero no puedes conmigo
si sigues desafiando
te voy a dar un castigo

Te gusta sembrar cizaña
pero no siembras la fruta
yo siembro, soy sembrador
especialmente de yuca

Déjame ser tu mentor
y que aprendas buena bomba
y que aprendas a rimar
y tu vida se componga

Si quieres que cante bomba
te voy a dar un bombazo
creo que tu cantando bomba
serás siempre un buen fracaso

Desde donde vengo yo
tengo música en las venas
y de donde vienes tu
los niños nacen con pena

Hace ratito que yo,
vengo bombeando contigo
pero no he escuchado nada
que tenga un buen sentido

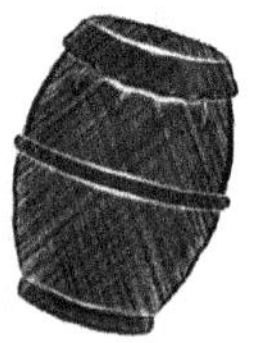

Cante usted, siga cantando
pero quiero que recuerde
el dicho que dice así:
perro que ladra no muerde

Si quieres cantar te dejo
pero no seas presumido
salúdeme cuando llegue
que usted no duerme conmigo

Si me crees tan inocente
aprende a mirar con maña
aprende a diferenciar
el trigo de la cizaña

Soy jíbaro no lo niego
y usted no puede conmigo
siga comiendo cizaña
mientras yo me como el trigo

De la montaña bajé
pa' que usted aprenda algo
usted nunca va a poder
con los talentos que cargo

Ya no cantes mas paloma
pues tu cantar trae quebranto
porque mejor canta el gallo
y al oírlo me levanto

Si piensas cantar conmigo
no metas un pie al bote
y no se arriesgue a que yo
con esta lengua lo azote

Yo no presumo cantando
porque cantando soy bueno
echa pa'cá saco'e papa
con usted haré rellenos

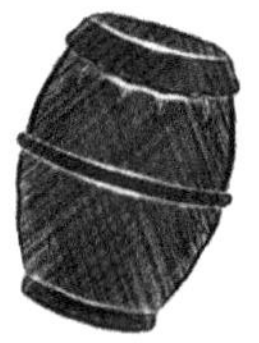

Tú no me das ningún miedo
cantando como cotorra
pues mientra exista el sombrero
para qué ponerse gorra

Yo vengo de tierra adentro
para competir contigo
tira y yo me defiendo
no importa que sea mi amigo

Soy jíbaro y no lo niego
y a mi me gusta cantar
póngase los pantalones
que lo voy a pisotear

A mi me gusta cantar
veremos que tu propones
pero voy a demostrarte
quién lleva los pantalones

Tú eres regular cantando,
y para que eches humo
no cantas mejor que yo
pues como yo solo hay uno

Nunca podrás humillarme
no importa te lo propongas
nunca tu podrás conmigo
porque tus rimas están mongas

No eres muy bueno cantando
pues yo, cuando canto brillo
porque tu voz chilla tanto
que me recuerda los grillos

A usted hay que darle su puesto
porque usted se lo merece
porque el múcaro cantando
canta mal y se amanece

Ya no compita conmigo
cállese y no se ría
mejor váyase a cantar
números de lotería

Tú no cantas como yo
lo siento pero estás lento
cante mejor un bolero
que usted no tiene talento

Si vamos pa otra parranda
le juro que no lo invito
pero si llega hasta allí
siéntese en un rinconcito

Yo trato de interpretarlo
pero no entiendo su rima
creo que hay gente cocinando
váyase pa la cocina

No tengo universidad
ni tampoco cuarto año
pero cantando la bomba
mi maestría le hace daño

Quería que me diera liga
yo lo hubiera deseado
es mejor que se retire
porque usted no está a mi grado

Usted vive en la llanura
mientras yo vivo en el cerro
pero en comparanza a usted
mejor canta mi becerro

No se meta usted a cantar
cántico de la montaña
pues donde se mete usted
le juro que to lo daña

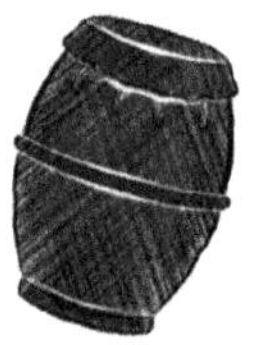

No se me ponga a cantar
yo creo que lo está dañando
pues cuando abre la boca
parece un gato maullando

Ya veo que estás asustao
cuando yo abro la boca
porque te estás dando cuenta
que tus palabras son pocas

Cuando cantas desafinas
los músicos no te quieren
y de ti se están riendo
los niños y las mujeres

Yo no canto con tristeza
yo canto con alegría
tu cantar es aburrido
tiene la gente dormía

Usted que se cree tan bueno
tírese al medio mi hermano
al lado de este gigante
siempre serás un enano

Cada cual canta si puede
y usted no está obligado
pero se metió conmigo
y creo que se ha equivocado

Usted no sabe cantar
la bomba puertorriqueña
mejor váyase a estudiar
que usted lo que canta es leña

Mejor se oye cantar
el gallo en la lejanía
tú no puedes comparar
tu horrible voz con la mía

Si tu me sigues tirando
te daré tu merecido
pues canta mejor que tú
un niño que no ha nacido

La musa sale de adentro
pero en usted no ha nacido
así que no puje mucho
porque creo que está estreñido

Música pide el cantor
también a otro que cante
y el que quiera cantar
que tire un pie adelante

Si quieres ganarme a mi
creo que no lo estás logrando
ráscate bien ese cuuuuuello
que creo que te está picando

Lo invito a cantar conmigo
pero le advierto una cosa
cante con mucho sentido
no venga con cosas sosa

II
Hombres

Esta categoría debe ser sólo cantada por hombres para mujeres

*Advertencia

Aconsejamos leerlas antes de cantarlas. Sugerimos discreción

Yo no le estoy coqueteando
sólo se trata de bomba
pero con sinceridad
su belleza a mi me asombra

Ay! que linda señorita
y que linda es su cintura
no es que yo sea un viejo verde
es que la nena está madura

Usted dice que soy feo
y le voy a dar un bombazo
porque muchas muchachitas
quieren estar en mis brazos

Si como andas cocinas
debe de saber sabroso
pues se me sale la baba
no es que sea viejo baboso

Yo te traigo los limones
tú vendes la limonada
como te gusta el dinero
mujer tan interesada

El sancocho que me diste
sabía de lo más sabroso
me diste a mi toa la carne
que no se entere tu esposo

Yo te di toa la verdura
de ese sancocho que hiciste
probé de toditas ellas
¿ Y el plátano que lo hiciste?

El guiso que hiciste ayer
me ha dejado entusiasmao
tenía dos muslos de pollo
pero sabía a bacalao

El bacalao si que es bueno
y como mejor se come
es acostao en la hamaca
con muslos y con tostones

Oye mujer tú que cantas
avanza y no hables tanto
cántame algo al oído
porque me gusta tu canto

Tu canto a mi me impresiona
tanto como la medusa
quiero me ofrezcas tu canto
hasta que pare la musa

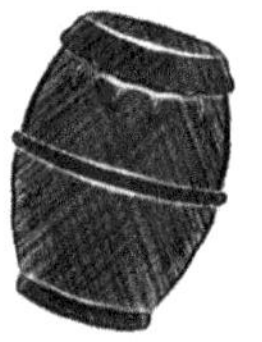

Me viste hablar con tu amiga
dijiste que tengo esposa
no se porque sufre tanto
canto'e vieja bochinchosa

Me gusta bailar lambada
aunque parezca gracioso
quisiera bailar contigo
¿Pero se encuentra tu esposo?

No se porque me desprecia
si usted a mi ni me conoce
pero desde que me vio
le entró to por eso tose

Si te crees la mas preciosa
debes tener cuidado
es que no has mirao bien
la que se sienta a tu lado

Quisiera ser un cohete
para llevarte a la luna
quisiera ser un jabón
para envolverte en mi espuma

La vi cuando iba subiendo
y cuando venía bajando
cree que no me daba cuenta
que me venía coqueteando

Cada vez que yo la miro
le juro que más me antojo
al ver que cuando me mira
como le brillan sus ojos

Yo no sé qué más decirle
yo me estoy obsesionando
me gustan mucho sus ojos
y más si me están mirando

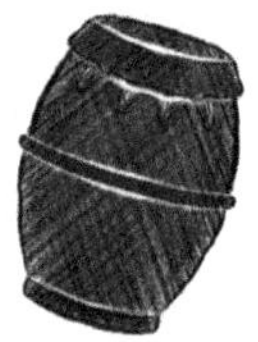

Se me eriza todo el cuerpo
cuando me mira y la miro
me gusta cuando sonríe
y más si sonríe conmigo

No se ponga colorá
y su vida no “componga”
yo lo digo pa que rime
sólo se trata de bomba

Con lo que le estoy diciendo
no quiero que se ilusione
conmigo usted no la coja
por aquí hay muchos varones

Por ahí veo unos ojitos
que brillan como una estrella
¿A quién saliste tan linda?
¿A quién saliste tan bella?

Me hace feliz la vida
la familia y los amigos
pero sería más feliz
si usted bailara conmigo

Tienen que haber roto el molde
de tan divina hermosura
no he visto tanta belleza
porque como usted ninguna

Si yo volviera a nacer
quisiera ser su vecino
para jugar todo el tiempo
y emborracharnos con vino

La invito siga cantando
conmigo la buena bomba
su deslumbrante belleza
le juro que a mi me asombra

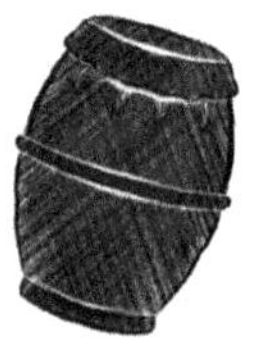

Señorita, señorita
soy un tipo visionario
sigue siendo señorita
o demuestre lo contrario

Quisiera fuera mi amiga
o quizás mi enamorada
pero con el genio suyo
renuncio y no somos nada

Yo bailo porque me gusta
no bailo pa buscar roce
porque me juzga señora
si usted a mi no me conoce

Siempre he sido alguien alegre
para nada aborrecido
de esta fiesta no se va
si usted no baila conmigo

Desde que yo la vi a usted
me he dado cuenta de algo
si usted vive en el infierno
a mi que me lleve el diablo

Acostarme con usted
caliente como el infierno
y amanecer con un ángel
como usted un ser tan tierno

No creo que soy el mejor
porque hay muchos caballeros
hoy conmigo usted se va
porque yo la vi primero

Yo me siento enamorado
de esa linda señora
pero me siento muy triste
porque ella no se enamora

Quisiera bailar con ella
pero ella me ha despreciado
y aunque no baile con ella
quiero se siente a mi lado

Orita vi una chica
que me pasó por el frente
yo creo que le caigo bien
porque me ha pelao el diente

Señoras y señoritas
que ha esta fiesta han venido
no importa cual sea su rango
porque yo no discrimino

Que bonitos ojos tienes
su sonrisa me enamora
con usted quiero bailar
señorita o señora

Si usted no baila conmigo
y si mi anzuelo no muerde
se lo ha perdío señora
no sabe lo que se pierde

Por la belleza que tiene,
se debe llamar Rosa
perdone le cambie el nombre
es usted la más hermosa

Señora tan elegante
que ya no tiene cintura
un dia de estos se gotea
porque usted está muy madura

III

Mujeres

Esta categoría debe ser sólo cantada por mujeres para hombres

*Advertencia

Aconsejamos leerlas antes de cantarlas. Sugerimos discreción

Me gusta bailar lambada
aunque parezca graciosa
quisiera bailar contigo
pero, ¿se encuentra su esposa?

No te sienta entristecido
si yo no bailo contigo
por presumido que eres
lo tienes bien merecido

Usted se cree el más lindo
que señor tan arrogante
y usted no puede conmigo
porque pa usted soy bastante

Con la camisa estrujá
y hasta le faltan botones
entre su mujer y usted,
¿Quién carga los pantalones?

Usted a mi no me cae mal
pero no se me equivoque
no me saque a bailar
baboso a mi no me toque

No sea tan caripelao
no me siga coqueteando
mi marido está aquí al lao
y creo que lo está velando

Usted cree que sabe tanto
y en verdad es un fracaso
ahora entiendo porque
su mujer no le hace caso

Usted se cree caballero
eso no me dice nada
pues tenga mucho cuidado
cuando se enfrente a una dama

Ya me está usted molestando
y tengo mucha paciencia
cuando se refiera a mi
tiene que tener decencia

Usted ronca de cantor
pero usted no me da miedo
usted no es buen cantor
ni tampoco caballero

Lo he visto, me guiña el ojo
cuando pasa por mi lado
no sea fresco y sin vergüenza
porque sé que está casado

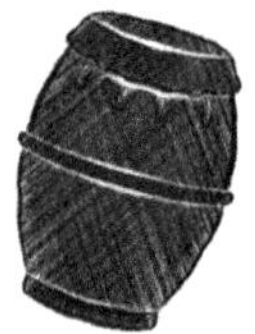

Si se cree que canta bien
es usted un arrogante
y si se metió conmigo
tiene que tirar pa'lante

Me dice que tiene frío
yo no pienso calentarlo
valla directo al infierno
pa que lo caliente el diablo

Mi primavera es su otoño
y mi verano es su invierno
y mi cielo lo imagino
pues vallase pa'l infierno

Con un hombre como usted
yo no quiero matrimonio
si usted ve en mí un ángel
yo veo en usted un demonio

Si usted cree que soy tan fácil
no crea que soy cualquier cosa
pues no intente abrazarme
valla abrazar a su esposa

Señor no abra la boca
con tanto ruido que hace
con las porquerias que canta
la gente no se complace

Somos solteros los dos
pero el amor nunca crece
ya deje de enamorarme
que usted a mi no me merece

Deje de tirarme besos
o le digo a mi marido
para que le meta un puño
lo tiene bien merecido

Por más que se pare bien
no me gusta su figura
usted parece una tabla
mientras yo tengo cintura

No se que se creen los hombres
la última coca cola
pero luego se derriten
si uno le mueve la cola

El hombre, mal necesario
eso nunca lo he negado
pero las mujeres somos,
las que siempre hemos mandado

No me tires más piropos
nunca lo voy a querer
es usted menos que un mapo
y la escoba pa barrer

Me come con esos ojos
me desviste su mirada
yo prefiero estar muerta
con usted no quiero nada

Con esa facha que tiene
cree que está acabando
por ahí yo vi una plancha
y creo que lo está buscando

Por todo lo que le dije
no se sienta entristecido
debe de sentir vergüenza
no se porque no se ha ido

Señor de corte muy fino
de bigote y de patilla
por mi madre usted se cree
que es la octava maravilla

Ya veo que no era tan bueno
tanto como usted presume
se ha convertido en cenizas
antes de que me lo fume

Cantando como usted canta
su voz no ha estado presente
lo único que suena bien
es el coro de la gente

No quiero nada con usted
yo creo que usted no me entiende
y como me va atender
si a su mujer no la atiende

No se si es bruto o se hace
se lo vengo repitiendo
usted es bruto caballero
o es que usted se está haciendo

Por favor no me interrumpa
que voy a cantar en breve
se ha dado cuenta la gente
que por mi usted se muere

Yo siempre pongo la sal
para que sepa sabroso
pero usted al cantar
la gente lo ve muy soso

Un amor en cada puerto
usted se cree la gran cosa
no creo que sea marinero
yo creo que usted es mariposa

IV
Guerra de Sexos

Esta categoría es una controversia entre hombres y mujeres.

*Advertencia
Aconsejamos leerlas antes de cantarlas.

Sugerimos discreción

MUJER

Cuando se da un par de tragos
empieza con esas mañas
por eso es que su mujer
a ningún lao lo acompaña

HOMBRE

Olvídese de mi esposa
y olvide las mañas mías
de mujeres como usted
yo no quiero compañía

MUJER

Canta que canta el señor
y presume su elegancia
su elegancia presumida
ya me está causando náuseas

HOMBRE

Quizás no siga cantando
la presumida es usted
a mi usted no me da náuseas
porque ya me vomité

MUJER

Usted no me causa miedo
y aunque pelear no deseo
no creo que usted sea tan malo
lo que yo creo es que es feo

HOMBRE

Yo no me encuentro bonito
pero parezco a su esposo
y a diferencia de él
soy feo pero curioso

Con su guille de cantor
quiere enamorar mujeres
pues me dice aquí mi amiga
que primero ella se muere

Si su amiguita se muere
créame que yo lo siento
pero por este que canta
creo que usted se está muriendo

 MUJER

Que tipo tan engreído
la última coca-cola
que viene a buscar mujeres
y deja la suya sola

HOMBRE 

No soy ningún engreído
ni la última coca-cola
si sabe que tengo esposa
porque me mueve la cola

MUJER

Si usted me sigue mirando
le daré su merecido
cuidado con lo que dice
porque yo tengo marido

HOMBRE

Ya yo dije lo que dije
me sostengo y no me rajo
y si usted tiene marido,
¿Qué pasó que no lo trajo?

MUJER

Con lo arrogante que es
le juro que yo me río
la fiesta estaba caliente
pero usted me ha dado frío

HOMBRE

Si yo a usted le he dado frío
disculpe por el maltrato
acérquese al lado mío
para calentarla un rato

MUJER

Yo pensaba divertirme
hasta que a usted me encontré
pero yo aquí no me quedo
por que ya mismo me iré

HOMBRE

Si pensaba divertirse
y se va, alargue el paso
conmigo no se divierta
porque yo no soy payaso

Las palabras que tu dices
son las que usas a diario
edúcate un poco más
no tienes vocabulario

Le advierto que yo si tengo
vocabulario exquisito
pero hablando con usted
uso lo que necesito

MUJER

Usted ya me esta cansando
con tanta babosería
yo creo que usted está borracho
pero no suelta la fría

HOMBRE

Nunca soltaré la fría
no importa si estoy borracho
yo voy a seguir bebiendo
porque pa eso soy macho

MUJER

Si usted se siente tan macho
como no se ha dado cuenta
debe tener respeto
cuando a una mujer se enfrenta

HOMBRE

Yo creo que usted es amargá
siempre he sido respetuoso
los hombres no la soportan
por eso no tiene esposo

MUJER

Y si me trata de vieja,
yo no me pongo que ardo
sabe que gallina vieja
siempre ha dado un buen caldo

HOMBRE 

Es verdad que da buen caldo
una gallinita vieja
pero la carne es tan dura
que hasta mi perro la deja

V

Guerra entre Panas

Esta categoría es realmente para joder entre panas.

*Advertencia
Aconsejamos leerlas antes de cantarlas. Si la utilizas dirigiéndote a alguien que no es tu “pana” podrias arruinar la ocasión ya que son fuertes. Sugerimos discreción.

No me ande criticando
que usted a mi no me conoce
si no sabe cantar bomba
siéntese a tocar "bongose"

Cada vez que abre la boca
por el techo a mi me saca
debe quedarse callao
y tóqueme las maracas

¿Cómo lo podría ubicar?
Déjeme que yo me encargo
cójame el clarinete
a ver si me saca algo

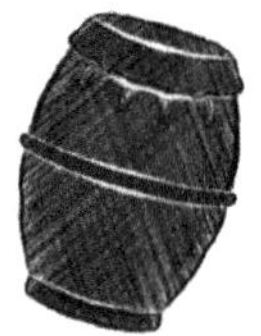

Como usted se enreda tanto
yo cantando no me enredo
usted de rima no sabe
usted es mejor con los cueros

Le juro, mejor que a usted
oigo cantar a la rana
mejor cójame el palito
y tóqueme la campana

Por mi madre no lo entiendo
y por mucho que yo trato
mejor coja otro instrumento
póngase a tocar en cuatro

La guitarra no la ofrezco
esa guitarrita es mía
cuando la vi me flechó
lo bien que venía vestia

Yo si que aprendí la rima
yo si que en esto me fajo
si usted no sabe rimar
avance y tóqueme el bajo

Tóquemelo si es que puede
y sóbelo si no sabe
pero es un buen instrumento
el palito de la clave

Como no sabe cantar
quisiera que de un gran giro
mejor quédese callao
o si no “ráspame” el güiro

Ya con esto me despido
y no es que te tenga miedo
pues si yo fuera gallina
tú me cargaras los huevos

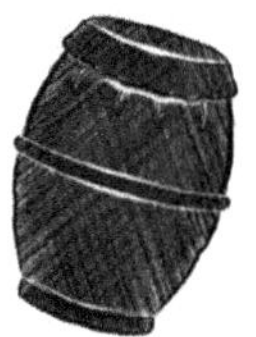

El lechón que maté ayer
aún recuerdo sus gritos
pa' que tú a mi me recuerdes
te voy a mandar un cantito

Aunque no soy marinero
ni viajo todito puerto
le juro que yo la he visto
le juro, y se lo apuesto

Le voy a dar un remedio
a usted que pregunta tanto
venga y préndame la vela
pa convertirme en su santo

Me gusta verte bailar
es lo único que sabes
aunque tu cantando bomba
superas los animales

Si cantando bomba tú
has pensado que has ganao
piensa to lo que tu quiera
yo soy dueño del cercao

Eres muy buena persona
de eso no cabe duda
cuando cantas, cuando rimas
te oyes igual que una mula

Si la mula es lo que oyes
debes tener ensayo
pues cuando abriste la boca
pensaba que eras caballo

Ten cuidado con tu bomba
ten cuidado con tus rimas
ten cuidado que un dia de estos
se te trepa el mono encima

El ruiseñor siempre canta
una linda melodía
pero usted cantando bomba
es tremenda porquería

No se asuste si cantando
se le sale un gallito
porque así empecé yo
cuando era pequeñito

Cada cual da lo que puede
tú no te sientas tan mal
canta las bombas que sabes
no eres tan animal

No te creas que eres brillante
mucho menos como el oro
porque recitando bomba
repites como los loros

Canta tú, canta mi amigo
sigue cantando mi pana
tu nunca podrás conmigo
tu cantas como una rana

VI

"No sabe Na"

Esta categoría es un nuevo concepto. Es una combinación con lo que ya conocemos como el coro " no sabe na " que se utiliza cuando el declamante se turba o no le sale la rima. A cada una de las bombas a continuación les falta la última palabra. Entonces, con el propósito de llegar a la imaginación del oyente, mientras el declamante se queda callado, inmediatamente entra el coro " no sabe na ". En esta nueva categoría el concepto " no sabe na " se utilizará para disfrazar el doble sentido de la palabra que falta.

Dijiste que querías algo
algo que a mi me distinga
lo más preciado que tengo
te daré, y esa es mi pin...

Coro
No sabe na, no sabe na
No sabe na de bomba, no sabe na

Dices que canto muy malo
que solo soy un gritón
tu eres quien va a gritar
cuando te muerda él pi...

Coro
No sabe na, no sabe na
No sabe na de bomba, no sabe na

Dices que vienes con alguien
pero sé que vienes sola
acércate un poco más
para que cojas mis bo...

Coro
No sabe na, no sabe na
No sabe na de bomba, no sabe na

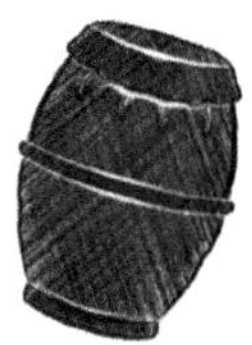

No creo que es rubia na
esa hija de Don Goyo
lo que quisiera saber
de qué color tiene el bo...

Coro
No sabe na, no sabe na
No sabe na de bomba, no sabe na

Yo no como salchichón
tampoco como salchicha
pero quisiera comerme
un cantito de tu chi...

Coro
No sabe na, no sabe na
No sabe na de bomba, no sabe na

Se que soy bueno cantando
con sentido de poeta
si no te gusta mi canto
agarrame la po...

Coro
No sabe na, no sabe na
No sabe na de bomba, no sabe na

Te dije que tenía hambre
y me ofreciste repollo
yo no como vegetales
pero te comiera el jo…

Coro
No sabe na, no sabe na
No sabe na de bomba, no sabe na

Yo sé que te vas de viaje
yo te cargo las maletas
pero déjame cargarte
primero esas dos te...

Coro
No sabe na, no sabe na
No sabe na de bomba, no sabe na

Canta y abre bien la boca
canta y grita marinero
quiero que abras la boca
para que entren mis gu...

Coro
No sabe na, no sabe na
No sabe na de bomba, no sabe na

Dices que no se cantar
también dices que no sirvo
y he venido desde lejos
pa comerte ese vir…

Coro
No sabe na, no sabe na
No sabe na de bomba, no sabe na

Si quiere cantar conmigo
hágalo con disimulo
porque ya le voy a dar
una pata por el cu…

Coro
No sabe na, no sabe na
No sabe na de bomba, no sabe na

Cantar, cantar por cantar
yo siempre a usted se lo he dicho
pero pa cantar conmigo
tiene que cogerme el bi...

Coro
No sabe na, no sabe na
No sabe na de bomba, no sabe na

Si me sientes por atrás
no te saques ningún grito
estoy buscando la güira
pa cogerte el cu...

Coro
No sabe na, no sabe na
No sabe na de bomba, no sabe na

Me gusta el arroz con dulce
y el dulce de la lechosa
quiero besarte el ombligo
y bajar hasta la cho...

Coro
No sabe na, no sabe na
No sabe na de bomba, no sabe na

Yo creo que yo canto bien
no se porque me critica
mejor me pongo a tocar
pa tocar esa cri...

Coro
No sabe na, no sabe na
No sabe na de bomba, no sabe na

Si yo canto, tu te aburres
mi cantar no te entretiene
para que te entretenga
ponte a jugar con mi pe...

Coro
No sabe na, no sabe na
No sabe na de bomba, no sabe na

Me siento puertorriqueño
no me siento americano
tu ven y siéntate aquí
pa romperte ese a...

Coro
No sabe na, no sabe na
No sabe na de bomba, no sabe na

A ti te gusta el campo
porque es cosa muy preciosa
te gusta andar campo adentro
pa que te coja esa co...

Coro
No sabe na, no sabe na
No sabe na de bomba, no sabe na

Me gusta lo apretao
y sabes que te lo he dicho
y sabes que a mi me gusta
cuando me aprietas el bi..

Coro
No sabe na, no sabe na
No sabe na de bomba, no sabe na

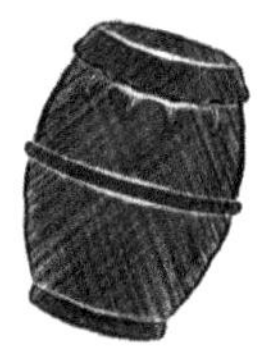

Entra si quieres entrar
entra y después no salgas
así me decías ayer
mientras te comía las nal...

Coro
No sabe na, no sabe na
No sabe na de bomba, no sabe na

Agradecimientos

Agradezco profundamente a mi familia, Tere Vargas, Wilmari Delgado, Brian Delgado, Danerys Muñoz, Jose L. Cuevas y Wilfredo A. Delgado. Quienes de una manera u otra han hecho esta obra realidad.

Los mejores deseos siempre!

www.ingramcontent.com/pod-product-compliance
Lightning Source LLC
Chambersburg PA
CBHW051801050726
47598CB00006B/2377

* 9 7 8 1 7 3 2 7 9 8 7 0 0 *